L'édition originale de cet ouvrage
a été publiée à Londres en 1983 par
Walker Books Ltd sous le titre *The Check-up.*

Adaptation de Claude Lauriot Prévost
Loi 49-956 du 16 juillet 1949
sur les publications destinées à la jeunesse.
Dépôt légal septembre 1983

7912
ISBN 2 226 01814 X
Imprimé en Italie

La visite chez le docteur

Helen Oxenbury

Albin Michel Jeunesse

Maman me conduit chez le docteur
pour une visite médicale.
« Il faut attendre ton tour »
dit l'infirmière.
La salle d'attente sent une drôle d'odeur.
J'ouvre la fenêtre.

Personne ne veut me parler.
« Ils ne vont peut-être pas très bien »
me chuchote Maman.

« Au suivant ! » dit le docteur.
« Viens, c'est à nous » dit Maman.
« Je veux partir ! »

« Alors, jeune homme ! Voyons ce
qui se passe dans cette carcasse ! »
Je me cache dans les bras de Maman.
« Regarde » dit Maman, « ça ne fait pas mal. »

« Si tu fais ce que veut le docteur »
chuchote Maman,
« je t'achèterai un petit cadeau
en rentrant à la maison. »

« On part tout de suite, Maman. »
Et le docteur tombe de sa chaise !

« Appelez l'infirmière » dit le docteur.
« Je suis désolée » dit Maman.

« Ce garçon me semble en très bonne santé » dit le docteur.
« Ce ne sera pas la peine de me le ramener avant un bon bout de temps. »
« J'aime bien le docteur.
Je le trouve vraiment gentil. »